BARREAU DE POITIERS

DE LA

PUISSANCE PATERNELLE

~~~

DISCOURS

PRONONCÉ

A LA SÉANCE SOLENNELLE DE RÉOUVERTURE DE LA CONFÉRENCE
DES AVOCATS STAGIAIRES

Le 12 Décembre 1896

PAR

Gustave THINAULT

Avocat à la Cour d'Appel,
Secrétaire de la Conférence.

POITIERS

IMPRIMERIE BLAIS ET ROY

7, RUE VICTOR-HUGO, 7

—

1897

DE LA
PUISSANCE PATERNELLE

DISCOURS

PRONONCÉ

A LA SÉANCE SOLENNELLE DE RÉOUVERTURE DE LA CONFÉRENCE
DES AVOCATS STAGIAIRES

Le 12 Décembre 1896

PAR

Gustave THINAULT

Avocat à la Cour d'Appel,
Secrétaire de la Conférence.

POITIERS
IMPRIMERIE BLAIS ET ROY
7, RUE VICTOR-HUGO, 7
—
1897

Le douze décembre mil huit cent quatre-vingt-seize, à deux heures, l'Ordre des Avocats à la Cour d'appel de Poitiers s'est réuni en robe, dans la salle d'audience de la première chambre de la Cour pour assister à l'ouverture des conférences des avocats stagiaires.

Étaient présents :

MM. Séchet, bâtonnier, président ; de la Ménardière, Orillard, Druet, Pichot, Barbier et Tornezy, membres du Conseil de l'Ordre ;

Parenteau-Dubeugnon, ancien bâtonnier, Bonnet, Mérine, Dufour d'Astafort, Poulle, Deleffe, Lagarde, Pouliot, Lévrier et Caillaud, avocats inscrits au Tableau.

La Barre était occupée par MM. les avocats stagiaires.

Le bâtonnier a ouvert la séance, annoncé la reprise des travaux de la conférence et prononcé une allocution.

Il a ensuite donné la parole à M⁰ Orillard fils, qui a lu une étude sur *la Femme devant le Parlement*, puis M⁰ Thinault a donné lecture d'une étude sur *la Puissance paternelle*.

Le bâtonnier a réglé le service de la conférence pour les séances ultérieures.

La séance a été levée à quatre heures.

Le Secrétaire,
A. TORNEZY.

Le Bâtonnier,
H. SÉCHET.

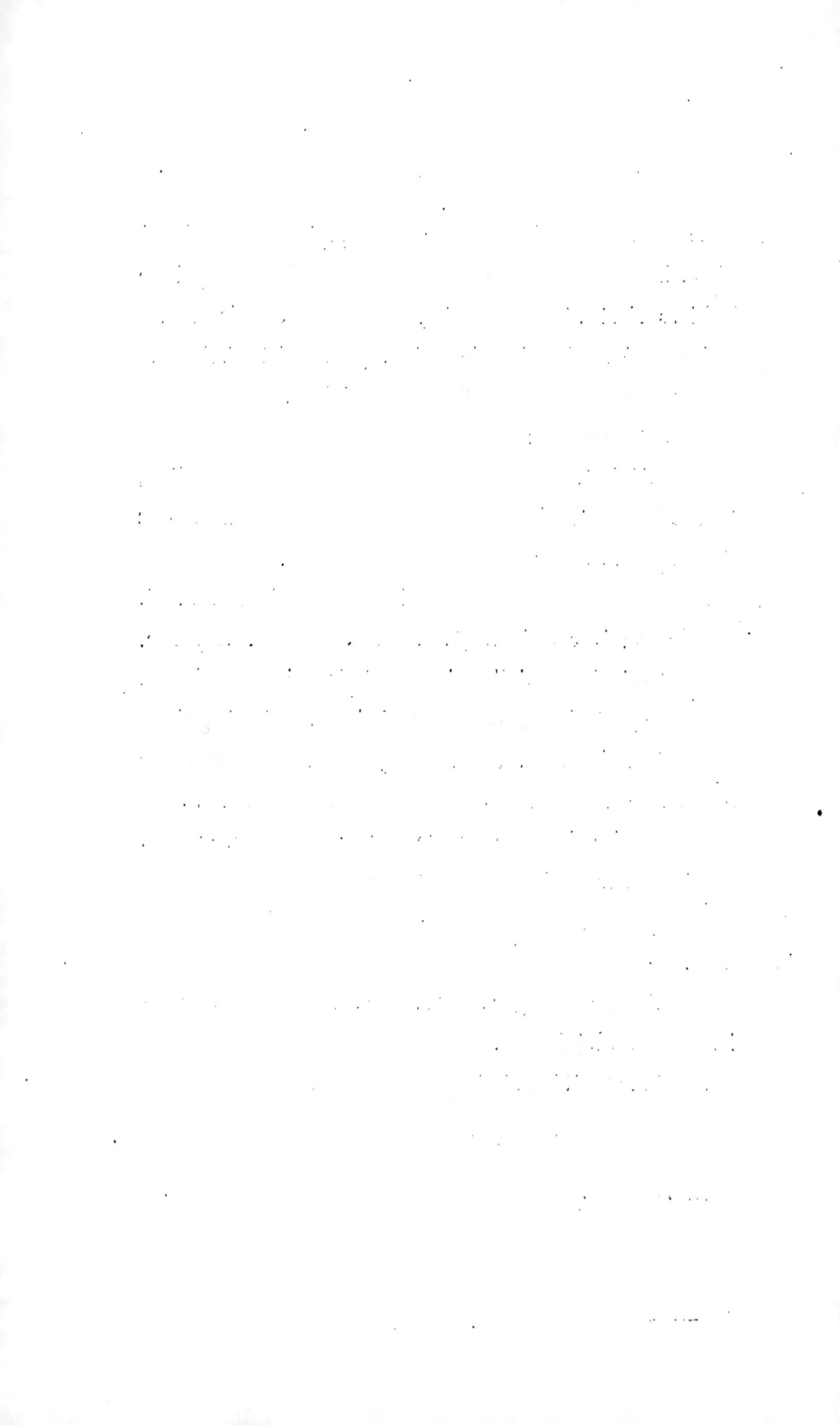

DE LA PUISSANCE PATERNELLE

Monsieur le Batonnier,

Messieurs,

Un homme aussi célèbre historien qu'habile politique a dit (1) « en aucune chose peut-être il n'est donné à l'homme d'arriver au but, sa gloire est d'y marcher. »

C'est là un sentiment dont je comprends en ce moment toute la valeur. Appelé à prendre aujourd'hui la parole en qualité de secrétaire de la conférence des avocats stagiaires, je me sens peu capable d'arriver au but, mon seul titre de gloire sera d'avoir été choisi par l'extrême bienveillance du conseil de l'Ordre pour y parvenir.

Du moins suis-je heureux d'avoir l'occasion d'adresser publiquement à celui (2) qui fut pendant deux années notre maître aimé, l'expression de ma profonde reconnassance pour les conseils pleins de sagesse et de bonté qu'il prodigua à chacun de nous ; et pour les marques d'intérêt qu'il a bien voulu m'accorder durant son bâtonnat, témoignages où je trouverai en même temps qu'un précieux encouragement, un de mes souvenirs les meilleurs.

(1) Guizot. — Histoire Civilisation en France. Ire leçon.
(2) M⁰ Tornezy.

Le sujet que je dois traiter « la Puissance Paternelle » comporte des développements pour lesquels un volume entier serait nécessaire. Aussi ai-je du me limiter. Laissant de côté les points de détail je veux fixer seulement les caractères généraux, et les particularités les plus saillantes de cette institution. C'est d'ailleurs sur l'étude d'une loi récente, portant la date du 24 juillet 1889 que portera une partie de ce travail.

L'idée de puissance paternelle, est à tout prendre. Messieurs, une notion bien simple : c'est l'ensemble des droits que possédent les parents et des devoirs qui leur incombent pour élever leurs enfants.

Ainsi présentée, cette notion rend parfaitement compte de la situation où se trouvent dans la société moderne les parents et les enfants ; elle satisfait pleinement l'esprit du philosophe et celui du jurisconsulte. Droits et devoirs sont établis, réglés et sanctionnés d'une façon sinon parfaite, tout au moins convenable et rationnelle.

Mais il ne faut pas croire qu'il en fût toujours ainsi; la puissance paternelle, avant d'être ce qu'elle est de nos jours a passé par des phases diverses. Sans en faire une histoire détaillée, il ne me paraît pas sans intérêt d'en indiquer les aspects succesifs.

L'on prétend, dans une certaine école que les lois n'ont pas d'autre fondement que la volonté du législateur, que le droit positif se suffit à lui seul, qu'il est à lui-même son principe et sa fin, on nie, en un mot, l'existence du droit naturel. Cette doctrine que l'on appuie sur des arguments nombreux, mais spécieux, m'a toujours semblé inexacte et dangereuse.

Elle n'est à tout prendre qu'un cri d'orgueil de la raison humaine qui s'exaltant et se glorifiant outre mesure, ne veut rien admettre au dessus d'elle. Combien d'institutions juridiques témoignent au contraire avec la dernière énergie contre une pareille doctrine, et la puissance paternelle n'est-elle pas, entre toutes, une preuve de la prééminence du droit naturel sur la législation particulière de chaque peuple ?

Tout homme n'entend-il pas en lui-même une voix intime lui criant impérieusement qu'il a des devoirs à remplir envers ses père et mère ; et ne sent-il pas qu'il est en droit d'exiger des enfants qu'il a mis au monde le respect et la soumission, en même temps, qu'il est obligé de prendre soin de leur personne ? Les lois humaines n'ont ici rien créé, elles se sont une fois de plus bornées à reconnaître et à sanctionner l'existence d'obligations imposées par Dieu à l'homme. Ce n'est que dans la manière dont elles les ont interprétées, qu'elles ont différé entre elles.

Depuis les époques les plus reculées, jusqu'aux temps modernes, la puissance paternelle a été très diversement comprise, et organisée ; si diversement même qu'en l'envisageant chez des peuples très éloignés les uns des autres dans la suite des temps, on a peine à y signaler des points communs. Cette institution a suivi, comme beaucoup d'autres, les fluctuations les plus diverses avant de se fixer, si toutefois l'on peut dire qu'elle est désormais immuablement établie.

A l'origine des peuples, la puissance paternelle nous apparait, Messieurs, comme une institution grandiose. Les peuples primitifs ont vécu durant de longs siècles de la vie patriarcale : autour d'un individu, le chef, le père, se groupaient les êtres faibles, sa femme, ses enfants, ses serviteurs; et tant qu'il vivait, il conservait sur son entourage le pouvoir dont il s'était trouvé tacitement investi. Soumission et besoin de protection d'un côté, pouvoir illimité dans son étendue et sa portée de l'autre, tels étaient les caractères les plus saillants de la puissance paternelle à cette époque: Ils se retrouvent d'ailleurs à la naissance de tous les peuples connus. Il n'y a là rien d'étonnant puisque, nous le disions tout à l'heure, la puissance paternelle est sans contredit, une institution émanant du droit naturel. N'est-il pas conforme à la nature en effet, que dans une association, quelqu'un commande aux autres membres : et si nous voyons le père nanti de l'autorité, n'est-ce pas chose en tout conforme aux desseins de la Providence qui a établi l'homme chef de la famille.

Un fait curieux montre clairement l'uniformité existant autrefois, tout au moins dans les grandes lignes, c'est que dans les langues anciennes, hindoue, grecque ou romaine le même terme est employé ; partout le chef de famille est nommé « pater » le maître. Ce n'est pas à dire qu'il n'y eût quelques variations résultant du génie différent de chaque peuple, mais le fait demeure avec toute son importance.

Nulle part plus qu'à Rome, Messieurs, la puissance paternelle n'a revêtu le caractère autoritaire qui en a fait un véritable pouvoir aux mains de celui que la détenait

Toutefois, ainsi qu'on l'a fait très justement remarquer, ce qu'a de plus curieux cette institution à Rome, ce n'est pas tant le caractère de rudesse dont elle est empreinte, que la persistance même de ce caractère aux causes qui l'ont produite.

Chez les Romains, comme chez les autres peuples de l'antiquité, la force a présidé pour une certaine part à l'établissement de la puissance paternelle ; mais il importe de mentionner à côté de cet élément, l'influence « des croyances religieuses qui étaient universellement admises dans l'âge primitif des peuples et qui exerçaient leur empire sur les intelligences et sur les volontés.» (1)

Le chef de famille romain possède un triple caractère : il est à la fois père, prêtre et magistrat.

A sa qualité de père, il semble attacher moins d'importance qu'à ses fonctions sacerdotales. En même temps il est juge des siens ; et en exerçant cette magistrature il accomplit non pas un service public, mais une fonction privée ; il ira, s'il le juge utile, jusqu'à prononcer un arrêt de mort contre son enfant coupable, et ne reculera pas toujours devant l'exécution de la sentence qu'il aura prononcée.

Une telle rudesse de mœurs nous étonne ; et l'on aurait peine à se l'expliquer si l'on ne songeait au tempérament essentiellement belliqueux du peuple romain, qui, établi sur un territoire étroit de l'Italie, devait conquérir le monde entier par ses armes et le soumettre à ses lois.

Bien faible est l'influence de l'affection dans les relations entre le chef de famille et ceux qui sont sous sa puissance ; il commande en maître, il est en rapport avec les pouvoirs publics étant seul de la famille « civis romanus ». Sa puissance en un mot, est plutôt politique que familiale, elle tend à assurer la grandeur et la prospérité de la République Romaine. Ce résultat est obtenu par des moyens qu'une civilisation adoucie et perfectionnée n'hésite pas à répudier comme barbares.

Le père a donc à Rome un pouvoir illimité sur ses enfants ; il le possédait ainsi lors de la fondation de la cité et les lois n'ont fait que l'organiser et le sanctionner. Ce pouvoir est remarquable à deux point de vue, quant à son étendue et quant à sa durée. D'une part en effet il pèse sur la personne

---

(1) Fustel de Coulanges. La cité antique Livr. II. Ch. 6.

de l'enfant jusqu'à sa mort ou son émancipation, car le mariage ne fait point sortir l'enfant de la famille, ne le rend point maître de lui-même, s'il possède encore un aïeul sous la puissance duquel il puisse tomber. D'autre part, ce pouvoir est si fort qu'il rend le père maître de la vie de ses enfants. Quant aux biens, l'enfant n'en possède aucun, sa personnalité se confond, s'absorbe dans celle de son père, et tout ce qu'il peut acquérir appartient à ce dernier. Simple instrument de richesse pour le père, il peut être par lui brisé s'il est jugé inutile ou dangereux. D'ailleurs l'affection est si étrangère à toute relation entre le père et ses descendants .aux plus beaux jours de la civilisation romaine que les enfants naturels échappent à la puissance paternelle, tandis que les enfants adoptifs y sont soumis.

Ce n'est pas tout. Non content d'exercer une semblable autorité sur ses descendants, le « paterfamilias » tient aussi sa femme sous sa domination. Par le mariage accompli selon certains rites sacrés, et avec quelques formules solennelles la femme jusque là soumise à la puissance de son père tombe entièrement sous celle de son mari : elle prend au foyer domestique place à côté de ses enfants, elle est comme leur sœur ; et les droits exorbitants que le père exerce sur ces derniers, il peut en user sur la personne de leur mère. La puissance maritale se confond ainsi avec la puissance paternelle.

Toutefois, les progrès de la civilisation aidant, l'absolutisme du pouvoir du père s'adoucit peu à peu. On voit s'atténuer puis disparaitre le droit de vie et de mort; et la situation du fils de famille jusqu'alors voisine de celle de l'esclave s'en sépare nettement. Ce progrès que la Grèce avait depuis longtemps réalisé n'est pas le seul qui se produise, mais il n'est définitivement acquis que sous notre ère. Déjà d'ailleurs, les mœurs avaient établi au sein même de la famille, une sorte de conseil, de tribunal que le père devait rassembler dans certains cas avant de prononcer une sentence contre sa femme ou ses enfants.

Pour devenir conforme à l'équité et à la raison la puissance paternelle romaine aurait du être alors débarrassée d'un de ses attributs, qui, pour ne pas paraître au premier abord aussi cruel que le droit de vie et de mort, n'est pas moins odieux et barbare : je fais allusion au droit qu'a le père de vendre ses enfants. Ce droit inique persista durant de longs siècles, et malgré bien des tentatives ne fut jamais complètement aboli ; il finit cependant par n'être plus toléré qu'en faveur des seuls parents indigents sur la personne de leurs enfants nouveaux-nés.

Ces améliorations à la situation de l'enfant étaient dues Messieurs, à la fois à l'adoucissement des mœurs et aux doctrines élevées qu'enseignaient les philosophes du Portique ; mais pour parvenir à un résultat sérieux, il fallait l'apparition du Christianisme. Une religion qui enseignait l'égalité des hommes et leur commandait de s'aimer les uns les autres ne pouvait admettre que les pères de famille eussent le droit d'abandonner leurs enfants, de les « exposer dans des lieux solitaires, pour que la mort les en délivrât, ou dans des lieux publics, pour que la charité les recueillît » (1). Aussi quand la loi romaine put enfin s'inspirer des maximes chrétiennes la puissance paternelle se dépouilla à peu près de tout ce qu'elle avait encore de cruel : cependant, elle ne perdit jamais son antique caractère de perpétuité.

Remarquons qu'alors que la situation morale des enfants

(1) Troplong, *Influence du Christianisme sur le droit civil des Romains*, ch. ix.

s'améliorait, leur situation pécuniaire se dessinait. De simples instruments d'acquisition qu'ils étaient au début les fils de famille finirent après bien des vicissitudes par avoir le droit de posséder sous le nom de pécules certains biens parfois assez considérables. Ils obtinrent par là vis-à-vis du chef de la famille une certaine indépendance très compatible, au reste, avec le respect dû aux parents, et que la religion nouvelle ne manquait pas d'enseigner et de rappeler, en même temps qu'elle précisait aux parents eux-mêmes leurs devoirs.

Tel est, Messieurs, esquissée a grands traits la pysionomie de la puissance paternelle à Rome ; il ne m'a pas semblé indifférent d'en faire le tableau ; car ce fut, vous ne l'ignorez pas, le droit de ce peuple, qui par sa fusion avec les mœurs gauloises et germaines donna naissance à notre droit.

L'élément Gaulois est d'ailleurs d'une assez minime importance ; les Romains victorieux imposèrent leurs lois à leurs ennemis vaincus. C'était alors un peuple arrivé à l'apogée, ou plutôt déjà parvenu au déclin de sa civilisation, et qui devait s'effacer d'une manière à peu près entière devant ses conquérants. L'on sait seulement que le chef de famille gaulois avait sur sa femme et ses enfants un pouvoir considérable. Le respect des enfants pour les parents était tel qu'un fils ne se hasardait à paraître en public aux côtés de son père, que lorsque, parvenu à un certain âge, il était en état de porter les armes. Le père avait seul autorité sur ses enfants, toutefois on croit que durant l'enfance, ils étaient soumis à la mère.

Mais les caractères propres à la puissance paternelle telle que les Gaulois l'entendaient s'absorbèrent rapidement dans l'institution romaine, dont les principes régnèrent jusqu'à l'époque de l'envahissement du pays par les tribus Germaines.

L'apport fourni à notre législation par les lois germaniques fut, à la vérité, d'une importance beaucoup plus grande ; cette influence se fit sentir d'une façon toute particulière dans notre matière. Je n'ai point l'intention de vous rappeler l'aspect de la puissance paternelle chez les Germains avant leur entrée en Gaule ; il me suffira de dire qu'elle était d'une extrême rigueur. Mais lors de la rédaction des lois barbares après l'installation des Germains dans notre pays, les droits du père de famille sont loin d'offrir l'absolutisme que nous avons rencontré dans les lois romaines.

La puissance paternelle n'est plus inspirée par l'intérêt de l'Etat et du père de famille ; celui de l'enfant commence à se faire jour. Vivant en communauté les membres de la famille germanique s'assemblent autour d'un chef leur protecteur et leur défenseur plus encore que leur maître ; l'esclave lui-même est dans une situation presque supportable. Ajoutez à cela que plusieurs causes, comme l'âge où les enfants prennent les armes, l'époque où ils se marient, les soustraient au pouvoir du père. Ainsi tempéré, ce pouvoir ne s'étend pas seulement aux enfants : la femme elle-même y est soumise. C'est dire qu'elle ne saurait remplacer à la tête de la famille le père disparu ; bien plus elle se trouve alors sous la puissance de son fils aîné, gardien des autres membres de la famille, chargé de les protéger, en même temps qu'appelé à recueillir les revenus de leurs biens.

Plusieurs siècles durant, une fois que les Germains se furent mêlés aux Gallo-Romains, chacun de ces peuples vécut avec ses lois propres et ses coutumes particulières (1).

(1) Régime de la personnalité des lois.

Peu à peu cependant, et il n'en pouvait être autrement, il se fit une lente fusion de ces deux éléments. De cette union sortit notre vieux droit français, non pas certes, homogène, mais au contraire variant à l'infini avec les diverses coutumes que faisaient autant de petits pays en France.

Cette influence des sources du droit se fit diversement sentir : ici les lois romaines eurent la prépondérance ; là dominèrent les lois germaniques. Ce qu'il importe de noter c'est que nulle part un de ces éléments ne régna à l'exclusion de l'autre. Sans doute les contrées méridionales depuis longtemps soumises à la domination romaine conservèrent profondément marquée l'empreinte des lois qui leur furent imposées ; sans doute aussi les pays du nord où s'établirent dès leurs premières incursions les barbares prirent de ceux-ci leurs mœurs et leurs habitudes ; mais cette séparation ne fut point si tranchée qu'il n'y eut pénétration réciproque d'une législation par l'autre. Lorsque la France fut enfin constituée, elle fut universellement coutumière, les origines seules des coutumes variant. C'est ainsi que le droit romain véritable coutume au Midi servait de droit supplétif dans le Nord où régnaient les Coutumes. Ce n'est donc, Messieurs, qu'avec cette réserve qu'il convient d'admettre la distinction classique faite entre les pays de droit écrit, et les pays de coutume.

L'institution que j'étudie en ce moment ne devait pas échapper à cette dualité d'aspect ; et jusqu'au moment où le Code Civil uniformisa notre législation la puissance paternelle fut diverse dans les provinces de la France.

Dans les pays de droit écrit, le pouvoir du père de famille, tout en n'ayant plus pour raison d'être l'intérêt de l'État, garde en général une excessive rigidité. Les enfants demeurent soumis à la puissance du chef de famille, pendant toute la vie. Seule, l'émancipation met fin à cette subordination ; le mariage ne produit pas ce résultat. La mère, au surplus, ne remplace jamais le père comme chef de la famille, mais on lui accorde parfois la tutelle de ses enfants.

Cependant la rigueur de la législation ne va pas plus loin, et les cruelles prérogatives dont jouissait autrefois le père ont à jamais disparu, grâce à la bienfaisante influence de l'Église.

Cette influence s'est fait sentir d'une manière plus appréciable encore dans les pays de coutume, où les lois germaniques plus humaines s'y prêtaient aisément. On serait pourtant fort en peine de trouver dans nos anciennes coutumes, beaucoup de dispositions relatives à la puissance paternelle ; les mœurs ont été avec les Parlements les principaux guides en la matière. Cependant, la note caractéristique et qui ne fera qu'aller en s'accentuant c'est la prise en considération de la protection due aux enfants. Cet intérêt que n'avaient point méconnu les lois barbares, nous le savons, s'accuse par ce fait que la mère partage avec le père les privilèges de la puissance paternelle. Certes elle ne songe guère à s'en prévaloir du vivant de son mari ; mais dès que ce dernier se trouve dans l'impossibilité de diriger les enfants, elle devient le chef de la famille, et l'on peut penser combien souvent il en devait être ainsi dans des temps où les guerres incessantes éloignaient les hommes du foyer domestique. Bien entendu le veuvage confère à la mère l'exercice du pouvoir que possédait le défunt. Ce n'est d'ailleurs plus l'émancipation seule qui soustrait les enfants à l'autorité paternelle ; l'arrivée de leur majorité produit le même effet : il faut en dire autant de l'entrée dans l'armée, dans les ordres sacrés ou religieux, et dans l'état de mariage : l'on arrive ainsi à ce résultat équitable : la

jeune fille en devenant femme passe sous la puissance de
son mari, et le jeune homme qui s'apprête à fonder une
famille peut en devenir le chef.

Ce sont ces atténuations aux pouvoirs du chef de famille
qui ont fait dire à l'un de nos très anciens jurisconsultes (1)
« Droit de puissance paternelle n'a lieu » ce qui ne signifie
point que tout pouvoir est enlevé aux parents sur la personne et les liens de leurs enfants, mais ce qui veut dire
que l'antique « patria potestas » n'est plus admise dans les
principes de notre ancien droit.

Ainsi organisée la puissance paternelle parut encore trop
rigoureuse aux hommes de la Révolution : Pourquoi faut-il,
Messieurs, qu'au milieu des améliorations réalisées à cette
époque de tourmente, cette institution n'ait pas reçu le per-
fectionnement qui devait parachever l'œuvre équitable
des coutumes? Ah! c'est qu'alors, poussés par un besoin
d'égalité à outrance et de liberté sans frein les novateurs
de ce temps franchirent d'un bond les limites établies par
la nature et la raison. Sous prétexte de faire écho à la voix
de la nature, ils obéirent à celle de leurs passions, et dans
leur ardent désir d'effacer toute trace du passé ils ne su-
rent pas conserver ce que cette époque leur avait transmis
de sage; ils ne parvinrent pas à édifier sur de solides
bases le pouvoir du chef de famille.

Entendez plutôt ce que disait un orateur de cette époque (2)
dans un projet de loi qu'il présentait en 1793 « La voix
impérieuse de la nature s'est fait entendre, elle a dit : il n'y
a plus de puissance paternelle. C'est tromper la voix de la
nature que d'établir ses droits par contrainte. Surveillance
et protection voilà les droits des parents, nourrir, élever,

(1) Loysel, *Institutes Coutumières*. I. 37.
(2) Cambacérès.

établir leurs enfants, voilà leurs devoirs. Quant à l'éducation la Convention en décrètera le mode et les principes. »

Déjà l'on avait décidé en 1790 que le droit de correction si naturel pourtant, et si profitable quand il en est fait un intelligent usage, ne pouvait plus être exercé par le père, qu'avec l'assentiment d'une réunion de parents constitués en tribunal de famille, et l'autorisation du président du tribunal de district. Cette mesure n'était pas d'ailleurs la seule qui fût prise pour atteindre la puissance du père. La Convention, dans sa rage d'égalité ou plutôt de nivellement, en arriva à prohiber toute disposition en ligne directe, à permettre aux enfants d'échapper à la garde et à la surveillance de leurs parents en contractant mariage à un âge où il est douteux que l'on ait la pleine conscience de tous ses actes.

On ne devait pas s'en tenir là : le rétablissement du divorce avec les immenses facilités qui furent accordées, l'assimilation totale des enfants naturels aux enfants légitimes, furent autant d'instruments mis au service de la Révolution contre tout ce qui avait existé dans l'ancienne France. Le résultat fut ce qu'il devait être ; l'anarchie existant dans la vie publique eut son contre-coup dans la vie privée ; les familles se divisèrent moins encore par l'effet de la dispersion de leurs biens que par la désunion qui régna entre leurs membres. La puissance paternelle ne fût plus qu'un souvenir de l'ancien droit.

Un renversement si complet de tout ordre appelait, n'est-il pas vrai, Messieurs, une réaction ; elle se fit bientôt sentir : mais, parmi les hommes qui y prirent part, plusieurs avaient été intimement mêlés au mouvement révolutionnaire et destructeur d'où était sorti l'anéantissement de l'autorité paternelle. Aussi, en rétablissant cette dernière,

3

ne leur fut-il pas possible d'oublier entièrement ce qu'ils
avaient accompli, et l'institution qu'ils établirent fut loin
d'être parfaitement réglée.

S'inspirant à la fois des principes de 89, de nos anciennes Coutumes et des lois romaines, les législateurs du
Code Civil imprimèrent à la puissance paternelle sa physionomie actuelle, ils n'en firent pas une institution préférable
à celle des Coutumes, tout au contraire.

Quatre ans avant la promulgation de notre Code, le projet
émané du gouvernement définissait la puissance paternelle
« un droit fondé sur la nature et confirmé par la loi, qui
donne au père et à la mère la surveillance de la personne
et l'administration des biens de leurs enfants mineurs et non
émancipés par le mariage. » Les principes ainsi nettement
posés devaient passer dans la loi ; ce ne fut pas toutefois
sans quelque difficulté. C'est ainsi par exemple que le
Premier Consul se fit le champion de l'idée que la puissance paternelle devait recevoir une organisation très forte
et autoritaire. Son caractère, et les projets grandioses qu'il
nourrissait alors expliquent assez son langage.

Au reste, il n'obtint pas gain de cause, et l'autorité paternelle fut plutôt fondée sur l'intérêt des enfants ; ainsi que
l'ont alors déclaré les orateurs du gouvernement.

Une objection spécieuse a été produite ici, Messieurs,
dont je dois vous dire un mot. Il s'est trouvé des esprits
pour contester la légitimité du pouvoir paternel, sous prétexte qu'il n'était pas consenti par les enfants appelés à y
être soumis. Il y a là, a-t-on dit, un droit qui ne se fonde
sur aucun contrat, et qui partant doit être regardé comme
nul et sans valeur. Pour attachante qu'elle paraisse cette
idée doit être repoussée. Ne s'appuie-t-elle pas sur un principe plus que contestable : le contrat source de tout droit.

N'y a-t-il pas des droits dont l'origine est tout autre qu'un contrat? et n'est-il pas exact au contraire de dire que le droit préexiste à tout contrat? Si, en effet, il n'y avait pas un droit, une justice, une équité immanentes, sur quoi s'appuieraient les conventions? Je repousse donc cette doctrine, pour m'en tenir à celle qui reconnaît la préexistence du droit naturel.

Les dispositions relatives à la puissance paternelle forment le titre IX du livre I du Code Civil; mais pour qui veut en connaître à fond l'organisation il est indispensable de ne pas ignorer la matière du mariage, des successions et des dispositions testamentaires. On y trouve relatés certains attributs du pouvoir reconnu aux parents par la loi, et dont notre titre ne fait pas même mention. Ce défaut de rédaction n'est d'ailleurs pas le moindre qu'il ait à noter. N'est il pas curieux en effet de remarquer que tandis que le titre est intitulé « de la Puissance Paternelle » dans aucune de ces dispositions on ne rappelle cette expression. Il semble que le souci que l'on a eu d'écarter l'idée de l'omnipotence du chef de famille n'a pas été si fort qu'on n'ait voulu conserver quelque vestige de l'antique « patria potestas ».

On s'en est au reste expliqué lors de la rédaction en disant que le terme de « puissance paternelle » étant couramment reçu, il était préférable de le maintenir tout en atténuant notablement la physionomie de l'institution.

Je remarque toutefois de quelle sagesse a fait preuve le législateur; avant de tracer aux parents leurs devoirs vis à vis de leurs enfants, il rappelle à ceux-ci les obligations qu'ils ont envers les auteurs de leurs jours. « L'enfant à tout âge doit honneur et respect à ses père et mère « dit l'article 371 ». C'est tout simplement inscrit dans notre

Code le commandement gravé par Dieu au cœur de l'homme
« Honore ton père et ta mère » commandement dont l'ob-
servation est si douce qu'elle semble ne devoir être rappelée
à personne, mais dont la présence en tête des règles de la
puissance paternelle donne à celle ci un aspect de nature à
satisfaire les sentiments religieux et moraux les plus élevés.

Non moins concise est la disposition qui fixe les attributs
de l'autorité paternelle. « L'enfant reste sous l'autorité des
parents jusqu'à sa majorité ou son émancipation ». Qu'est-ce
à dire, Messieurs ? L'enfant parvenu à l'âge de sa pleine
capacité va-t-il définitivement échapper au pouvoir de
ses père et mère ? Oui et non peut on répondre à la fois :
car s'il est vrai de dire que le respect est toujours dû aux
parents, il n'en est pas moins certain que ceux ci ne peuvent (sauf quelques cas prévus et pour un temps fixé,)
contraindre légalement à l'obéissance leurs enfants majeurs.
A dater de cette époque les moyens que leur donnait la loi
pour exercer et assurer leur autorité s'évanouissent.

La puissance paternelle ainsi limitée il importait de
décider à qui elle appartiendrait : la solution adoptée révèle
une fois de plus les sources où le législateur a puisé. Le père
seul, déclare-t-il, exerce cette autorité durant le mariage.
Ce n'est pas là, une exclusion complète de la mère, car elle
partage avec le mari la jouissance de cette autorité ; mais
comme il est juste qu'en toute agrégation, si faible soit-elle,
il y ait une direction, elle sera tout naturellement confiée à
ce dernier. Dès que celui-ci vient à disparaitre, la mère
exerce sur ses enfants le pouvoir qu'elle détenait d'une
manière tacite pour ainsi dire.

Aussi, j'estime que c'est entrer dans les vues de la loi
que de décider ainsi, dans les cas où le père, bien qu'encore vivant, est dans une réelle impossiblité d'user de son

autorité. Par ce qu'un père sera absent, interdit, ou placé dans un établissement d'aliénés, faudra-t-il que, refusant à la mère l'exercice de ce pouvoir, en alléguant que son mariage n'est point rompu, l'on prive les enfants de la direction que réclame impérieusement leur âge et leur intérêt ? Personne n'oserait le prétendre sérieusement.

Quant au divorce il amènera dans la puissance paternelle des complications multiples qu'il serait trop long d'envisager.

Vous l'apercevez, Messieurs, la puissance paternelle ne saurait appartenir qu'aux père et mère : ceux-ci disparus, les orphelins tombent en tutelle. Certes l'affection des grands parents vient dans une large mesure, à ce moment surtout, remplacer celle des parents décédés, mais la loi ne leur a point dévolu les attributs de l'autorité domestique sur leurs petits enfants. Ce sont des prérogatives exclusivement attachées à la personne du père et de la mère, et dont il ne leur est point loisible de se dépouiller en principe ; elles sont de la catégorie de ces droits que l'on nomme « de famille » et qui sont de leur nature incessibles, insusceptibles d'entrer dans une convention quelconque.

Mais il est temps que je fasse rapidement passer sous vos yeux le tableau des attributs de la puissance paternelle sur la personne des enfants (1), il n'est point dans mon plan d'en faire une description détaillée n'ayant déjà que trop mis à contribution votre bienveillante attention.

Ces attributs, selon la façon dont on les présente, permettent de considérer le pouvoir paternel sous un aspect double en quelque sorte. A ne s'en tenir qu'au titre même qui

_____

(1) Je laisse à dessein de côté comme devant m'entraîner beaucoup trop loin ceux relatifs aux biens.

organise ce pouvoir, on risque fort de ne pas connaître toutes les prérogatives du chef de famille, on est du moins instruit de celles qui sont essentielles.

J'observerai ici qu'il importe de ne pas étendre outre mesure la notion de puissance paternelle. Il est vrai que l'obligation des enfants de toujours porter honneur et respect à leurs parents est la source des droits de la puissance paternelle envisagée dans son acception la plus étendue : c'est là qu'ils puisent le droit de consentir jusqu'à une époque fixée, au mariage de leurs enfants et d'y faire opposition (1), celui d'autoriser leur adoption, les libéralités à eux faites durant leur minorité. Par contre, il est d'autres droits tels que ceux établissant l'obligation alimentaire ou réglant la dévolution des successions qui ne sont en rien des attributs de l'autorité paternelle. Les père et mère jouissent vis à vis de leurs enfants de ces droits, qui pour être quant à eux d'une quotité particulière, sont de la même nature que pour les autres membres de la famille qui peuvent les posséder.

Le devoir primordial, en même temps que le droit incontesté des parents est celui qu'ils assument par le fait même de leur qualité de père et de mère ; c'est l'obligation de nourrir, élever et entretenir leurs enfants. Les parents naturels sont comme les parents légitimes, soumis à cette obligation, ce qui a fait dire avec raison qu'une semblable règle eût mieux trouvé sa place à propos de la puissance paternelle que parmi les dispositions relatives au mariage.

C'est en un mot le droit et le devoir d'éducation. Vous sentez à merveille, Messieurs, et je n'ai pas à y insister, qu'il faut entendre par là l'éducation religieuse, morale et

---

(1) Ils ont aussi le droit de refuser leur consentement pendant un certain temps à l'entrée de leurs enfants dans les ordres sacrés ou religieux.

intellectuelle tout aussi bien que l'éducation purement physique.

Il va de soi que la formation première incombe tout naturellement à la mère de famille, seule capable d'entourer des soins qu'ils réclament, ses tous jeunes enfants. Mais, dès qu' ayant grandi il leur faut être instruits, élevés et dirigés, le père a rigoureusement le droit d'imposer sa volonté ; la mère ne peut agir que par persuasion, la loi ne lui reconnaissant aucun droit ; heureuse si elle parvient à se faire entendre du père autorisé par le législatenr à agir selon son bon plaisir. Qu'on me permette de le dire ici, cette infériorité de la mère voulue par nos lois, a quelque chose de souverainement injuste. Il me semble que la mère, tout autant que le père devrait avoir le droit de faire adopter sa volonté dans la manière d'élever ses enfants. Son affection pour eux n'est-elle pas égale à celle du père, n'est-elle parfois sinon supérieure, du moins plus éclairée. Au reste cette critique pourrait être justement renouvelée à l'égard des autres prérogatives de l'autorité paternelle. il serait donc très désirable que le législateur mettant en harmonie la nature et la loi fît à la mère une situation plus équitable. Je sais bien qu'à formuler ce souhait, l'on risque de paraître oublier l'autorité qu'à toujours eue le chef de famille. que l'on se rassure, je ne pretends aucunement vouloir l'amoindrir, la jugeant moi-même trop respectable. Je me bornerai à souhaiter que, relativement aux faits décisifs de la vie, le désir de la mère puisse être exprimé et respecté d'une façon plus efficace. En réalité, je me hâte de le proclamer, dans les familles unies, les choses n'atteignent guère cet état aigu ; mais il suffit qu'il en soit trop souvent autrement pour motiver une amélioration.

Au droit d'éducation se rattachent ceux de garde, de surveillance et de correction qui, eux aussi, sont en même temps des devoirs pour les parents. Le droit de garde permet au père de surveiller de très près son enfant, de fixer la plupart du temps son domicile à tout le moins sa résidence, et de la lui faire réintégrer même « manu militari ».

Quant au droit de correction, tel qu'il est prévu et réglé par la loi, il n'a point trait aux châtiments et punitions que le père peut employer au foyer domestique sur la personne de ses enfants ; mais à la détention qu'il peut leur faire subir dans les maisons d'arrêt ou de correction, et sous certaine conditions assez étroitement limitées, rendues plus difficiles encore pour la mère, surtout lorsqu'elle vient à se remarier. Il y aurait bien des choses à dire touchant cette prérogative, vestige très accusé de notre ancien droit, et où le Code Civil s'est montré plutôt inférieur à ce dernier. Je m'en abstiendrai car ce serait sinon sortir de mon sujet, du moins en reculer beaucoup trop les bornes.

Deux sortes de griefs présentant il faut l'avouer Messieurs, assez de justesse ont été faits à cette organisation de la puissance paternelle (1).

Le chef de la famille, a-t-on dit d'une part, n'a pas sur les enfants qu'il a mission d'élever une autorité assez absolue, il ne possède pas de moyens légaux suffisants pour faire respecter sa volonté ; la tâche que la loi lui impose est lourde parfois, il serait bon qu'elle lui fût facilité de plusieurs manières. C'est ainsi que l'on propose de porter jusqu'à 25 ans l'âge de la majorité, d'accroître la liberté testamentaire du père, de prolonger la jouissance légale jusqu'à 21 ans de simplifier l'administration légale ; etc., etc. Ces re-

(1) Parmi les législations étrangères ayant adopté le Code civil, plusieurs nous sont supérieures on cette matière.

proches ne sont pas sans fondement, mais ne pouvant les examiner je me bornerai à en souhaiter la prise en considération.

D'autre part, et en se pénétrant de ce principe maintenant indiscuté que l'autorité paternelle a pour raison d'être presqu'exclusive l'intérêt de l'enfant, l'on est forcé de constater que l'organisation actuelle de ce pouvoir ne répond qu'assez mal à cette idée. Il se présente encore trop comme un ensemble d'attributs reconnus aux père et mère sur leurs enfants, et dont l'usage est abandonné à leur seule discrétion.

Est-t-il équitable qu'il en soit ainsi ? Non sans aucun doute, nous l'avons dit. Le droit du père est comme tout autre, limité par un droit qu'il rencontre, celui de l'enfant ; et son pouvoir ne peut s'exercer que dans la mesure de l'utilité qui en doit découler pour ce dernier. En d'autres termes, la personnalité de l'enfant étant reconnue est inviolable, et tout ce qui pourrait lui porter injustement atteinte ne saurait être jugé équitable.

Vous comprenez aisément, Messieurs, que ces principes ne peuvent avoir de valeur et de force que dans une législation déjà respectueuse des intérêts des enfants ; vous entendez aussi que pour être bien faite cette législation doit prévoir la possibilité de la part des parents de se montrer oublieux de ces principes, et qu'elle ne peut ni ne doit rester indifférente en face d'une pareille situation.

Eh bien ! faut-il le dire, le Code civil est loin de réaliser ce desideratum. Il n'y a pas lieu de s'en étonner, et l'on a l'explication de ce fait, en songeant à la diversité des influences auxquelles ont obéi les auteurs de la loi. L'usage des droits que confère la puissance paternelle est en effet prévu et réglé ; quant à l'abus qui peut en être fait, il n'en est nullement question. Ce n'est pas un pur oubli, car dans les discussions d'alors on y fit allusion ; mais ce point fut, avec plusieurs autres remis à un examen ultérieur, sous prétexte qu'il ne fallait pas « s'occuper d'abord des questions isolées », et le Code fut promulgué sans que cet examen ait eté fait.

Détail ou question isolée, c'était il semble, un point assez important pour n'être pas passé sous silence ; malgré tout, plus de quatre-vingts années se sont écoulées sans que cette lacune fût comblée.

C'est que l'on redoutait, en paraissant surveiller ainsi l'exercice par le père du pouvoir qu'on lui reconnaissait sur ses enfants, de porter atteinte à sa liberté et à sa dignité par une ingérence possible dans l'intérieur de la famille. Pour respectable que soit ce sentiment il faut toutefois se garder de l'exagérer, sans quoi toute liberté pourrait devenir licencieuse, aucune entrave n'existant pour en modérer l'abus. J'admets donc bien que la famille est un asile inviolable, mais je ne saurais comprendre que sous le bénéfice de ce principe, le pouvoir qui s'y exerce puisse être abusif. Il est de toute justice que l'abus de ce droit soit réprimé, et que le père incapable ou indigne de tenir en main le sceptre de l'autorité familiale en soit privé par la loi.

Pour tout dire en un mot, le principe de la déchéance de la puissance paternelle n'a rien que d'équitable ; le législateur en l'adoptant enfin après bien des hésitations et des tâtonnements a fait une œuvre juste et saine. Loin de porter préjudice à l'autorité du chef de famille, il s'est efforcé de l'améliorer en lui donnant une note plus adoucie et un caractère plus conforme à l'équité naturelle.

Il est à remarquer d'ailleurs que les scrupules qu'éprouvèrent les auteurs du Code Civil ne furent pas aussi forts lors de la rédaction de nos lois pénales. Le principe de la déchéance de la puissance paternelle s'y trouve nettement établi.

Mais le législateur s'y est encore montré d'une inqualifiable timidité.

Aux termes de l'article 334 du Code pénal, les individus reconnus capables d'excitation habituelle des mineurs à la débauche ou de corruption de la jeunesse sont passibles d'une peine d'emprisonnement variant de 6 mois à 2 ans et d'une amende de 50 à 500 francs. Lorsque le coupable est le père ou la mère, le tuteur ou toute autre personne ayant la surveillance du mineur la peine de l'emprisonnement oscille de 2 à 5 ans, et l'amende qui ne saurait être réduite au dessous de 300 francs peut s'élever jusqu'à 2000.

En outre l'article 335, dans son second alinéa, ajoute à la peine principale prononcée contre les parents coupables, une peine accessoire qui n'est autre que la déchéance de la puissance paternelle. Si le délit, dit cet article, a été commis par le père ou la mère, le coupable sera de plus privé des droits et avantages à lui accordés sur la personne et les biens de l'enfant par le Code civil livre I titre IX de la Puissance Paternelle ».

La timidité dont j'accusais il y a instant le législateur vous a sans doute frappé vivement Messieurs ; elle se manifeste à un triple égard.

Tout d'abord la déchéance n'atteint que les parents convaincus d'excitation habituelle de mineurs à la débauche : un seul fait ne saurait donc suffire à les dépouiller de leur pouvoir ; et l'on aura ainsi le spectacle immoral d'un père coupable d'avoir trafiqué de l'honneur de sa fille, gardant encore vis-à-vis d'elle les attributs d'une autorité qu'il est

indigne de conserver. Ce n'est que lorsque l'âme de leur enfant sera corrompue par leur faute que ces parents tombe-
ront sons le coup d'une loi où la vigilance est trop oubliée.

Ensuite, la déchéance qu'encourent les parents coupables
n'existe que par rapport à l'enfant victime de leurs tristes
entreprises ; ils continuent à exercer au regard de leurs
autres enfants le pouvoir que les tribunaux leur enlèvent
sur la personne et sur les biens de l'un d'entre eux ; et dès
qu'il auront purgé leur condamnation rien ne les empêchera
de tenter à nouveau un criminel abus de leur pouvoir sur
leurs autres descendants.

Enfin la déchéance prononcée par la loi ne s'étend qu'aux
attributs de la puissance paternelle inscrits au titre IX du
livre I du Code civil; d'où il suit qu'indignes de garder leur
enfant près d'eux, les parents marqués au front par une condamnation déshonorante entre toutes auront encore par
exemple la faculté de s'opposer à son mariage, et pourront
ainsi par un refus systématique tirer en quelque sorte ven-
geance de la juste flétrissure que leur a valu leur infâme
conduite. Situation absolument immorale, mais à laquelle
la loi ne paraît pas avoir songé.

Ce n'est pas tout, et un reproche beaucoup plus grave
encore a été adressé, non sans raison, au législateur de 1810
à propos de ce même article du Code pénal. Comment, dit-on,
tandis que l'on inflige la déchéance de leur autorité aux
parents coupables d'excitation habituelle de leurs propres
enfants à la débauche, l'on maintient cette autorité aux parents
convaincus, d'avoir dans le but de satisfaire leurs inavoua-
bles passions, abusé de la pudeur et de l'honneur de ceux
mêmes auxquels ils ont donné le jour. A ces parents oublieux
non seulement de leurs devoirs, même de la plus vulgaire
morale, l'on conserve tous leurs droits sur l'enfant leur

victime (1). Est-il spectacle plus attristant, et n'aurais-je pas
dû, Messieurs, m'abstenir de l'évoquer devant vous : peut-
être? Mais vous n'ignorez point qu'il n'est aucune faiblesse,
aucune turpitude si honteuses soient-elles, que l'avocat ne
soit susceptible de rencontrer dans l'exercice de sa profes-
sion; et pour la défense desquelles il ne puisse être appelé
à produire tout son talent.

Pour fournir une raison plausible de cette disposition légis-
lative, on a prétendu qu'agir autrement serait ouvrir la porte
à tous les scandales. Il se peut. Je répondrai, toutefois, qu'il
faut alors s'abstenir non pas seulement de frapper de déchéance ces père et mère infâmes, mais encore de prononcer
contre eux une condamnation, d'ouvrir à leur endroit une
procédure criminelle de peur des scandales possibles.

Mais alors je me demande si l'impunité résultant de cette
manière de faire ne serait pas chose plus funeste encore. A
cette question chacun de vous répond facilement, Messieurs.
La loi l'a d'ailleurs bien compris puisqu'elle n'est pas allée
jusque là.

Peut-être d'accord avec la morale et la logique nous sou-
haitons qu'elle réalise cette réforme consistant à frapper de
la déchéance les père et mère indignes de leur nom. La
conscience de tous y trouvera une véritable satisfaction.
Ne nous abusons point pourtant : il est à penser que cette
satisfaction lui sera longtemps encore refusée. Etant donné
que les lois romaines et notre droit ancien décidaient de
même en cette occurence, on ne peut espérer la réalisation
de ce progrès que dans un lointain avenir, tant ont de force
les traditions, alors même qu'elles sont peu respectables.

Si défectueuse que soit cette organisation de la déchéance

(1) La Cour de Cassation en a parfois décidé autrement, mais sa jurisprudence
générale est dans le sens du texte de la loi.

de la puissance paternelle elle n'a reçu durant une période
de plus de soixante années aucune modification ; il faut
arriver jusqu'à notre époque pour voir apparaître un nouvel
aspect de cette déchéance. Parmi les nombreux textes relatifs à la protection de l'enfance, la loi du 7 décembre 1874
était jusqu'à ces derniers temps la seule où le législateur
fit preuve de quelque hardiesse, pour punir les abus graves
de l'autorité des parents sur la personne de leurs enfants
mineurs.

Après avoir menacé de certaines condamnations les père
et mère coupables d'avoir livré soit gratuitement soit à prix
d'argent leurs enfants âgés de moins de seize ans aux individus exerçant les professions de charlatan et de saltimban-
que, ou prévenus de les avoir placé sous la conduite de gens
sans aveu, vagabonds, ou faisant le métier de la mendicité ;
après avoir fait défense aux parents d'employer leurs enfants
âgés de moins de douze ans à des tours de force périlleux,
la loi permet au juge d'ajouter à la peine principale, celle
de la déchéance de la puissance paternelle.

Remarquons bien qu'ici la déchéance n'est plus obliga-
toire : il n'y a là rien que de sensé, car le fait condamnable
peut être parfois d'une gravité assez minime. Mais ce qui
manque à la loi de 1874 lorsqu'on la compare avec le Code
pénal, elle le retrouve en ce que la déchéance qu'elle auto-
rise porte sur toutes les prérogatives de l'autorité paternelle, et s'étend à tous les enfants du condamné.

Toutefois cette loi ne laissait pas que d'être incomplète ;
elle détruisait d'un côté sans réédifier de l'autre ; elle permettait de prononcer la déchéance d'un pouvoir, et ne
s'occupait pas ensuite de le remplacer pour l'enfant qui se
trouvait ainsi abandonné. C'était là une lacune manifeste que
l'on s'étonne de voir dans la loi de 1874. Un dernier degré

devait donc être franchi, un dernier pas fait, afin de donner
à la déchéance de l'autorité paternelle ce qui lui faisait encore défaut pour constituer une mesure sinon parfaite, tout
au moins satisfaisante dans son ensemble.

Il est peu de lois, Messieurs, dont l'élaboration ait été
aussi lente que celle du 24 juillet 1889 sur la protection des
enfants maltraités et moralement abandonnés. Depuis longtemps préparée par les écrits des jurisconsultes et des mo-
ralistes les plus en renom elle n'a pas réclamé moins de dix
années à dater du moment où le premier projet en a été
déposé, jusqu'au jour de sa promulgation, et pourtant le
besoin s'en faisait vivement sentir. Mais des entraves de
toute sorte furent mises à sa marche, des critiques pas-
sionnées se produisirent lors de sa discussion tant dans le
Parlement, qu'en dehors de son enceinte, et il fallut vérita-
blement quelque opiniâtreté aux auteurs de la loi pour
mener leur œuvre à bonne fin.

Telle qu'elle a été promulguée, la loi se place à deux points
de vue différents. Dans une première partie, elle organise la
déchéance de la puissance paternelle, les conséquences
qu'elle entraîne, la procédure qu'elle exige. Une seconde
partie est consacrée aux enfants moralement abandonnés et
délaissés. Je laisserai de côté ces dernières dispositions, leur
étude même sommaire m'entraînerait trop loin ; elles ne
sont d'ailleurs qu'une des faces d'un sujet plus général, celui
de la protection sous toutes ses formes de l'enfance malheu-
reuse dans les classes pauvres surtout. Un instant on songea
à régler en entier cette matière, mais on dut y renoncer en
présence des lourdes charges qui devaient en résulter pour
le budget. La question ajournée avec promesse de lui donner
une solution satisfaisante n'est pas encore résolue ; il est à
souhaiter qu'elle le soit rapidement.

Il convient de fixer dès le début d'une manière exacte le caractère de la loi nouvelle. Est-elle civile ou pénale? Sans doute c'est une loi civile, en ce qu'elle a trait à l'état et à la capacité des personnes, mais il me semble que, vu les déchéances qu'elle prononce, on ne peut lui dénier un certain caractère de pénalité. Ce n'est point, au reste, la compétence qui peut faire se décider, puisque la juridiction pénale, et la juridiction civile sont toutes deux appelées à statuer. Le but de la loi, punir les parents indignes, me suffit pour la qualifier de pénale.

La déchéance de la puissance paternelle peut désormais s'établir de deux façons. Tantôt elle est encourue de plein droit, tantôt la justice est appelée à décider si elle doit être prononcée. Dans la première hypothèse il n'y aura pas lieu pour la juridiction dont émane la condamnation, de prononcer la peine de la déchéance, il lui sera loisible de le faire, mais elle pourra rester muette à cet égard.

La déchéance de plein droit de la puissance paternelle frappe tout d'abord les père et mère et ascendants condamnés par application du § 2 de l'article 334 du Code pénal dont j'ai déjà fait l'étude ; je me bornerai à indiquer le progrès dû à la nouvelle loi, il consiste en ce que la déchéance porte désormais sur tous les attributs de l'autorité paternelle et a trait à tous les enfants du coupable.

Il y a plus, la loi ne se contente pas de les priver de leur autorité sur leurs enfants vivants (et leurs descendants), elle la leur enlève sur ceux qui pourront leur naître dans la suite. Décision fort grave, car, si elle protège efficacement tous les enfants, elle éloigne peut-être des parents toute idée d'amendement et tout retour vers le bien.

Enfin la déchéance atteint les parents coupables non seulement vis-à-vis de leurs propres enfants, mais même à l'égard des mineurs dont ils ont la tutelle ou la garde à un titre quelconque.

En second lieu, la déchéance de plein droit frappe les père et mère et ascendants condamnés soit comme auteurs, coauteurs ou complices d'un crime commis sur la personne d'un ou plusieurs de leurs enfants, soit comme coauteurs, ou complices d'un crime commis par un ou plusieurs de leurs enfants : il importera peu d'ailleurs, que l'enfant complice ait été condamné ou acquitté, l'on ne s'occupe que de la culpabilité des parents.

En outre la déchéance de plein droit atteint les père et mère et ascendants condamnés deux fois comme auteurs, coauteurs ou complices d'un délit commis sur la personne d'un ou plusieurs de leurs enfants. Le fait de délits commis de complicité avec les enfants n'a pas paru assez grave pour être retenu.

Enfin la déchéance de plein droit est encourue par les père et mère et ascendants condamnés deux fois pour excitation habituelle de mineurs à la débauche.

J'arrive maintenant, Messieurs, aux cas de déchéance que les tribunaux ont toute latitude pour établir. Dans certaines hypothèses, malgré la culpabilité reconnue des parents, le fait motivant leur condamnation pourra ne pas paraître offrir assez de dangers au regard des enfants pour que ces derniers soient soustraits à l'autorité paternelle. En conséquence la déchéance peut tout d'abord être prononcée contre les père et mère et ascendants condamnés aux travaux forcés à perpétuité ou à temps, ou à la réclusion, comme auteurs, coauteurs ou complices d'un crime, autre que ceux prévus par les articles 86 à 101 du Code pénal, et que l'on qualifie de politiques.

En second lieu la déchéance peut frapper les père et

mère et ascendants condamnés deux fois pour l'un des faits suivants : séquestration, suppression, exposition ou abandon d'enfants, ou pour vagabondage. Tous ces faits de la part des parents (sauf le dernier), font courir à l'enfant péril pour ses jours ; et il suffira que deux d'entre eux bien que différents se réunissent pour faire encourir les rigueurs de la loi : il n'y a que pour le vagabondage que l'on exigera la récidive du même délit ; et j'estime qu'il serait sage que ce fait fût supprimé de la loi nouvelle, car le vagabondage et la mendicité si coupables qu'ils puissent être, ne font point forcément présumer chez les parents une indignité quelconque vis-à-vis de leurs enfants.

En troisième lieu, la déchéance peut atteindre les père et mère et ascendants condamnés par application de l'art. 2, § 2 de la loi du 23 janvier 1873 sur l'ivresse publique, ou des art. 1, 2 et 3 de la loi du 7 décembre 1874 sur les enfants livrés par leurs parents aux saltimbanques et charlatans. Là encore la loi nouvelle est en progrès sur l'ancienne, en frappant l'individu fautif même à l'égard d'un enfant qui n'est pas le sien.

Enfin la déchéance peut être encourue par les père et mère et ascendants condamnés une fois pour excitation habituelle de mineurs à la débauche.

Jusqu'ici, vous l'avez vu, Messieurs, le législateur exige une condamnation quelconque pour priver les parents de leur pouvoir. Mais il est allé plus loin et n'a pas craint d'infliger cette déchéance à des parents que nulle condamnation ne flétrissait. C'est là, il faut le reconnaître, l'innovation la plus sérieuse de la loi, celle qui par une sage application est peut être appelée à produire les résultats les plus appréciables.

Tout d'abord la déchéance peut frapper les père et mère

dont les enfants ont été en vertu de l'art. 66 du Code pénal, conduits dans une maison de correction, le juge ayant déclaré qu'ils avaient agi sans discernement. On a été porté à penser que la responsabilité des fautes de ces mineurs, si elle n'incombe pas toujours à leurs parents, leur est parfois imputable ; et c'est à eux que le législateur s'en est pris en permettant alors de les punir, dans leur qualité de père ou de mère.

Toutefois l'innovation la plus hardie et la plus importante de la loi de 1889 est celle à laquelle j'arrive désormais : la puissance paternelle pourra être enlevée aux père et mère, qui par leur ivrognerie habituelle, leur inconduite notoire et scandaleuse, ou par de mauvais traitements compromettent soit la santé, soit la sécurité, soit la moralité de leurs enfants.

Ce texte laisse, il est aisé de le voir, une notable liberté d'appréciation au magistrat saisi d'une plainte contre les parents.

L'inconduite notoire et scandaleuse est chose parfois délicate à définir ; elle résulte d'une foule d'éléments variables avec les individus et les situations. On a dit que c'était « celle qui sans tomber sous le coup d'une disposition pénale est contraire aux bonnes mœurs, et de nature à compromettre la moralité des enfants ». Mais c'est là plutôt montrer les effets qu'elle peut produire que donner une définition de ses éléments constitutifs, qui sont, je le répète, d'une grande diversité. Les magistrats devront donc, à moins de condamnations dénotant l'inconduite des parents, apporter beaucoup de prudence pour se décider sur cette question.

Très circonspects aussi il leur faudra se montrer au sujet des mauvais traitements qui ne résulteront pas d'une condamnation des parents pour coups et blessures sur la personne de leurs enfants. Il y a là, sans aucun doute, une nuance délicate à établir ; la limite entre les mauvais traitements et les corrections sévères n'est pas aisée à fixer : et si l'on ne prend pas la peine de donner à l'examen des faits incriminés la plus scrupuleuse attention on risque fort de tomber dans l'arbitraire.

Il n'est pas, au surplus, jusqu'à la notion même des mauvais traitements qui ne soit difficile à préciser. Faut-il s'en tenir au langage courant, et n'entendre par là que les coups et les brutalités des parents ; ou ne doit-on pas aller jusqu'à comprendre dans ce terme les privations et les manques de soins coupables dont tant de pauvres enfants sont victimes. Je crois que, sans exagérer la note sentimentale, et en interprétant fidèlement le désir de la loi de protéger les enfants contre les abus de l'autorité paternelle il convient de donner à l'expression « mauvais traitements » l'acception la plus étendue, tout en prenant bien soin, comme je le disais, d'éviter l'arbitraire.

Telles sont Messieurs, les hypothèses qui peuvent être pour les parents des causes de déchéance de leur pouvoir sur leurs enfants vous en connaissez l'effet : c'est la perte de toutes les prérogatives attachées au caractère de père et de mère ou d'ascendants vis a vis de leurs descendants.

Vous comprenez en même temps que la loi n'a pas pu s'en tenir là, et qu'elle a créé des ressources pour remplacer l'autorité qu'elle permettait d'anéantir ; elle a établi certaines institutions dont elle a minutieusement tracé l'organisation et à la description desquelles je ne veux point m'arrêter. Je ne m'attarderai pas davantage à l'étude de la procédure, dont la raison d'être n'existe d'ailleurs qu'au cas où la question se pose de savoir si l'on prononcera la déchéance. Je préfère rappeler le dernier principe de la loi de 1889.

Malgré la sévérité qu'elle témoigne aux parents indignes elle ne veut pas les arrêter dans la voie du repentir, sans quoi elle mériterait d'être abolie sur le champ.tout au contraire elle désire leur amendement, et pour le leur faciliter dans une certaine mesure elle leur permet de recouvrer la puissance dont ils étaient déchus.Il leur faudra même dans certains cas obtenir leur réhabilitation, mais celle-ci ne peut leur restituer par elle même leur autorité perdue. Il va sans dire que ces parents auront à respecter tous les actes légalement accomplis pendant leur déchéance.

Toutefois, dans le but de ne pas laisser indéfiniment en suspens l'état des enfants, et pour couper court à la fréquence des procès, on refuse aux parents dont la demande en restitution a été repoussée, la faculté de la formuler à nouveau. Si fondée que paraisse cette disposition elle n'en est pas moins particulièrement dure, et j'applaudirais de tout cœur à son adoucissement.

J'en aurais fini Messieurs, s'il ne me restait à dire quelques mots d'un doute sérieux qu'a fait naître la loi du 24 juillet 1889. Il s'agit de savoir si cette loi n'a pas par le fait de son existence opéré définitivement la disparition, d'une jurisprudence auparavant admise, relativement non pas à la déchéance de la puisssance paternelle, mais à la privation de quelques unes de ses prérogatives.

Depuis le Code civil jusqu'à la loi récente, on avait, en effet, en se basant sur l'idée que la puissance paternelle a pour raison d'être l'intérêt de l'enfant, accordé, tant en doctrine qu'en jurisprudence, un droit de contrôle aux tribunaux sur l'exercice par les parents de leur autorité. On admettait, que, bien que le père fût présumé user de son pouvoir raisonnablement, il pouvait se faire qu'il en fût quelquefois autrement; et l'on décidait que si des abus venaient à se produire, la justice une fois saisie avait mission pour les punir, d'infliger aux parents coupables, la privation de telle ou telle de leurs prérogatives.

Cette façon d'agir, maintes fois rappelée dans les arrêts, n'avait rien que d'équitable et de sage. Elle comblait le vide laissé par les auteurs de notre code, mais il est difficile, de dire que cette manière de faire fût juridique. En réalité il semble qu'elle ne l'était pas, car aucun texte ne permettait d'en décider ainsi; et si nos anciens parlements s'arrogeaient ce droit, il faut se souvenir qu'ils avaient la faculté de se prononcer par voie de règlement, ce que ne peuvent plus faire nos tribunaux actuels.

Quoiqu'il en soit, on admettait unanimement cette jurisprudence, et la protection de l'enfance y trouvait quelque satisfaction.

Ceci dit, la loi nouvelle a-t-elle maintenu ou abrogé cette jurisprudence, telle est la question? Elle s'est posée, vous vous en souvenez, devant la Cour de Poitiers il y a quelques années, magistralement présentée par deux (1) d'entre vous Messieurs, dont les talents honorent notre barreau. Les excellents arguments développés alors de part et d'autre de cette barre ont en quelque sorte donné naissance à la jurisprudence en la matière. L'arrêt de la Cour du 21 juillet 1890 est comme l'arrêt type de cette question.

Pour soutenir que la loi nouvelle laisse intacte l'ancienne jurisprudence on observe qu'elle est faite pour protéger les enfants malheureux, que l'idée de la déchéance ne saurait

(1) M. Arnault de la Ménardière ancien bâtonnier, M. Dufour d'Astafort.

être indivisible, et qu'en outre le contrôle de la justice ne constitue en rien la déchéance partielle repoussée par la loi. On ajoute que le texte n'est pas général, qu'il ne prévoit pas tous les abus de la puissance paternelle, et que pour ces abus la privation d'un des droits de cette puissance, le plus souvent le droit de garde, est une peine suffisante. En même temps l'on fait remarquer que cette loi n'a point un caractère impératif; et que, puisqu'elle donne au magistrat la faculté de prononcer la déchéance dans certains cas, elle ne peut lui interdire de s'en tenir à des mesures moins rigoureuses, lorsqu'il le jugera à propos. Enfin l'on dit que décider autrement c'est non seulement ne pas protéger l'enfant contre les torts de ses parents envers lui, c'est le sacrifier à ces derniers ; car il arrivera souvent que les juges hésiteront à prononcer une peine aussi grave que la déchéance pour un abus même criant de l'autorité paternelle, abus qu'aurait suffisamment prévenu ou réprimé le retrait d'un attribut de cette autorité, celui qui donnait lieu à la poursuite judiciaire.

L'opinion qui maintient que la loi récente à coupe court à toute tentative de retour à la jurisprudence jusqu'alors admise, fait valoir le caractère de perpétuité (sauf la restitution possible), et d'indivisibilité que revêt la déchéance telle qu'elle est établie, tandis que des projets la voulaient temporaire et partielle. La loi de 1889, dit cette opinion, n'a pas organisé avec tous ses détails le principe de la déchéance, pour qu'en même temps l'on puisse continuer d'user d'autres moyens pour frapper les parents indignes. La distinction faite dans l'autre thèse entre la déchéance partielle et le retrait pour partie du pouvoir des père et mère n'est pas sans offrir quelque subtilité. En outre il ne convient pas d'admettre comme un axiome juridique indubitable, la maxime banale : qui peut le plus peut le moins : il en est souvent tout différemment dans le domaine du droit ; la loi actuelle en est un exemple probant puisqu'elle admet la déchéance totale et perpétuelle, sans admettre la déchéance partielle et temporaire, ni la simple suspension que l'on avait proposé d'y inscrire. Enfin, quelle sera la raison d'être de la loi si elle n'est pas créatrice d'une législation nouvelle abolissant par conséquent la jurisprudence ancienne appuyée moins sur le Code même que sur l'intention supposée de ses auteurs.

Dois-je le dire, Messieurs, j'hésité quelque peu à prendre parti dans le débat ; et pourtant il convient de le faire. J'estime donc que si, en réalité, il est à désirer que les pratiques anciennes soient conservées dans l'intérêt bien entendu des enfants et même des parents, en droit et à cause des dispositions formelles de la loi de 1889 il faut admettre qu'elle est « introductive d'un droit nouveau » avec lequel l'ancien ne peut coexister.

En décidant ainsi. j'obéis plus à la raison qu'au sentiment ; mais en même temps je formule le souhait qu'un amendement soit apporté à la loi, permettant expressément à la justice, mise en face de simples abus de la puissance paternelle, de n'en prononcer qu'une déchéance partielle ou même temporaire.

Et maintenant, Messieurs, quel jugement porter sur la loi que je viens de commenter. Je crois qu'elle est appelée à produire quelque résultat ; grâce à elle l'autorité du père et de la mère se dépouille de ce qu'elle avait encore de trop absolu ; cette autorité est peut-être destinée à voir s'accroître son prestige par la faculté que possède la justice de ne plus la maintenir qu'aux père et mère dignes de leur nom. Mais la loi sera impuissante, je le crains, à resserrer les liens de la famille, qui pour des causes multiples et trop connues, vont se dénouant de jour en jour.

Qu'il y ait quelques pas à faire pour le législateur dans la voie des progrès, je le concède volontiers ; mais ces progrès, pour être équitables, devront être prudemment accomplis. Le législateur devra se garder de ne pas exagérer la réalité et l'importance de l'intérêt et de la protection, très légitimes d'ailleurs, qu'il doit aux enfants soumis au pouvoir de parents faibles ou fautifs.

Il faut le reconnaître, c'est la majorité des parents qui sait encore comprendre et pratiquer les obligations qu'ils ont à l'égard de leurs enfants. Aussi le mal serait grand le jour où animé d'un esprit d'égalité déraisonnable, ou, sous prétexte de surveillance et de protection, la loi viendrait à porter une main sacrilège sur les attributs fondamentaux de l'autorité paternelle. C'en serait fait de la liberté dans la famille ; l'on ne tarderait pas à voir le désordre et la désunion prendre au foyer domestique la place abandonnée par la puissance paternelle, injustement dépouillée des prérogatives dont la nature et les lois l'avaient revêtue.

Poitiers. — Imprimerie BLAIS et ROY, 7, rue Victor-Hugo